www.sachildrensbooks.com

Copyright©2015 by Inna Nusinsky Shmuilov

innans@gmail.com

First edition, 2016

Boxer and Brandon (Russian English Bilingual Edition)
ISBN: 978-1-77268-305-9 paperback
ISBN: 978-1-77268-304-2 hardcover
ISBN: 978-1-77268-724-8 eBook

Инна Нусински
Created by Inna Nusinsky

Иллюстрации: Джиллиан Толентино
Illustrations by Gillian Tolentino
Перевод с английского: Анна Ванина
Translated from English by Anna Vanina
Russian editing by Anna Guryeva

Привет, меня зовут Боксёр. Будем знакомы! Я боксёр. Нет, я не из тех ребят в красных перчатках, которые дерутся на ринге, — я собака породы боксёр. Это история о том, как я нашёл новую семью.

Hello, my name is Boxer. I'm a boxer. Nice to meet you! No, not one of those fighting guys with the red gloves—I'm a type of dog called a boxer. This is the story of how I got my new family.

Всё началось, когда мне было два года.

It all started when I was two years old.

Я был бездомным. Я жил на улице и ел из мусорных баков. Люди очень сердились, когда я опрокидывал их баки в поисках еды.

I was homeless. I lived on the street and ate out of garbage cans. People got pretty mad at me when I knocked over their trash cans.

— Убирайся! — кричали они. Иногда мне приходилось очень быстро убегать.

"Get out of here!" they would shout. Sometimes I had to run away really fast!

Жизнь в городе порой такая трудная!

Living in the city can be hard.

Когда я не искал еду, то любил сидеть и смотреть на людей, которые проходили мимо меня по тротуару.

When I wasn't looking for food, I liked to sit and watch people walk by on the sidewalk.

Иногда я грустно смотрел на них, и они давали мне поесть.

Sometimes, I would look at people with my sad eyes and they would give me food.

— Какая милая собачка! Возьми, поешь, — говорили они.

"Oh, what a cute doggy! Here, have a snack," they would say.

Однажды мимо проходили маленький мальчик и его папа.

One day, a little boy and his dad were walking toward me.

— Тебе нравится твой бутерброд, Брендон? — спросил папа.

"How's that sandwich, Brandon?" asked the boy's dad.

Бутерброд и правда
выглядел очень
вкусным!

It looked really good!

Я с грустью поднял на
мальчика глаза.
Он остановился и протянул
свой бутерброд мне.
И только я собрался
откусить
от него кусочек, как...

**I put on my sad eyes.
The boy stopped and
held out his sandwich.
I was just about to
take a bite, when...**

— Брендон, не корми эту собаку! Она не отстанет и будет просить ещё, — воскликнул папа. Брендон отдёрнул руку.

"Brandon, don't feed that dog! He'll just come looking for more," exclaimed his dad. Brandon pulled the sandwich back.

Бутерброд был так близко — я чувствовал запах масла! Родители детей никогда не хотят со мной делиться!

So close—I could smell the butter! Parents never want to share with me!

Когда они уходили, я заскулил так жалобно, как только мог.

I whined as pitifully as I could as they walked away.

Потом я решил вздремнуть. Я увидел чудесный сон.

After that, I decided to take a nap. I was having a wonderful dream.

Я был в парке, и всё вокруг было из мяса! На деревьях росли отбивные! Это был самый лучший сон на свете.

I was in a park and everything was made from meat! The trees were steaks! It was the best dream ever.

Вдруг что-то разбудило меня. Прямо передо мной лежал кусок бутерброда! Я вскочил и жадно проглотил его.

Something woke me up, though. Right in front of me was a piece of a sandwich! I jumped to my feet and gobbled it down.

Мммм! Он был такой вкусный! Прямо как во сне.

Mmmmm! It was so good! Just like my dream.

— Тссс, — сказал Брендон, — не говори папе! «Какой хороший мальчик», — подумал я про себя.

"Shhh," said Brandon. "Don't tell Dad." *What a nice little boy,* **I thought to myself.**

День за днём Брендон приходил ко мне и приносил поесть. Но вот однажды...

Day after day, Brandon would come visit me and give me a snack. Then, one day...

— Скорее, Брендон! Опоздаешь в школу, — сказал папа.

"Hurry up, Brandon. You'll be late for school," said Brandon's dad.

— Иду! — крикнул Брендон. Он пробежал мимо меня и уронил на тротуар бумажный пакет.

"I'm coming!" shouted Brandon as he ran past, dropping a brown bag on the sidewalk.

Принюхиваясь, я подошёл к пакету и заглянул в него. Там было полно еды!

Sniffing around, I walked up to it and looked inside. It was full of food!

Я хотел было всё съесть, но кое о чём подумал. «Брендон всегда приносит мне еду, когда я голодный. Если я съем его еду, то он останется голодным.»

I was just about to eat it all when I thought of something. *Brandon always brings me food when I'm hungry. If I eat his food, then he'll be hungry.*

— Я бегу, Брендон! — залаял я.

"I'm coming, Brandon!"
I howled.

Брендон с папой были уже далеко. Я побежал за их машиной с пакетом в зубах.

He and his dad were way down the street. I ran after them with the brown bag in my mouth.

Пробегая по переулку, я увидел кошку. Ненавижу кошек! Я забыл о своей цели и бросил пакет.

As I was passing an alleyway, I saw a cat. I hate cats! I forgot about my mission and dropped the bag.

— Гав! Прочь отсюда, кошка! — залаял я.

"Bark, get out of here, cat!" I barked.

Тут я вспомнил про пакет. Брендон останется голодным, если я не принесу ему обед!

Then I remembered Brandon's lunch. He was going to be hungry if I didn't bring him his lunch!

Мне было нелегко, но я оставил кошку в покое, снова схватил пакет и побежал.

It was hard, but I forgot about the cat. I picked up the brown bag again and started running.

Пробежав дальше по улице, я опять остановился. Мясная лавка!

Further down the street, I stopped again. A butcher shop!

Там повсюду были мясо и колбаса. Мммм...

There were pieces of meat and sausages hanging everywhere. Mmmmm...

Стоп! Я должен отнести Брендону его обед, а то он останется голодным!

Wait! I had to bring Brandon his lunch or he was going to be hungry!

Мне было нелегко, но я оставил и мясную лавку, схватил пакет и побежал дальше.

It was hard, but I forgot about the meat. I grabbed the lunch and started running again.

Я свернул за угол и остановился. Там был другой пёс. Он вилял хвостом.

I turned a corner and stopped. There was another dog wagging his tail.

— Привет, хочешь поиграть? — гавкнул он.

"Hi, want to play?" he woofed.

— Конечно, хочу! — ответил я. — Ой, погоди, сейчас я не могу. Мне нужно отнести Брендону его обед.

"I sure do!" I answered. "Oh, wait, I can't right now. I have to bring Brandon his lunch."

Мне было нелегко, но я отказался с ним играть, схватил пакет и побежал дальше.

It was hard, but I forgot about playing. I grabbed the lunch and started running again.

Наконец я увидел школу. А вот и Брендон с папой! Я помчался изо всех сил.

I could see the school—and there was Brandon with his dad! I ran as fast as I could.

Остановившись перед Брендоном, я положил его пакет с обедом на тротуар. Я успел вовремя!

Stopping in front of Brandon, I dropped his lunch bag on the sidewalk. Just in time!

— Смотри, папа, он принёс мой обед! — воскликнул Брендон.

"Look, Dad, he brought my lunch!" exclaimed Brandon.

— И правда! Удивительно! — сказал папа. Они оба погладили меня по голове.

"Wow, he sure did. That's amazing!" said his dad. They both patted me on the head.

Брендон был рад, и его папа тоже.

Brandon was happy and so was his dad.

Вообще-то папа был настолько рад, что даже привёл меня домой. Он искупал и накормил меня.

In fact, his dad was so happy that he brought me home. He gave me a bath. He gave me food!

Теперь, когда Брендон с папой идут гулять, я иду вместе с ними. А когда они возвращаются домой, я тоже возвращаюсь!

Now when Brandon and his dad go walking, I get to walk with them. And when they go home, I get to go home with them!

Я люблю свой новый дом и свою новую семью!

I love my new home and my new family!